山外有山

MOUNTAINS
BEYOND
MOUNTAINS

张一山 著

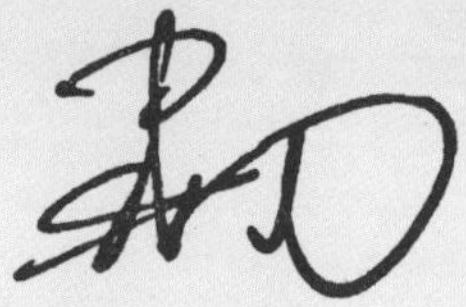

江苏凤凰文艺出版社
IANGSU PHOENIX LITERATURE AND
ART PUBLISHING LTD

献给厚爱我这么久的你。

2018 年 2 月 27 日凌晨，我为伙伴们分享着此次意大利之行的成果——我的图书处女作《山外有山》的样本，每张照片都会带我回到意大利那快乐而难得的十天。安，在我们第一次见面时就对我说，除了写下感受，还需为我们共同完成的“大片”作序，我欣然接受，却几次欲写又罢……

我不是一个做事拖拉的人，只是对我来说，出书是一件严肃的事，和表演一样，容不得半点懈怠。之前也有一些相关人士问我要不要出本书，我一直是婉拒状态，因为我对出书一直心怀敬畏，你的事、你的想法观点是否值得被印在纸上，那么多棵树为你变成纸张，而你又会不会浪费他人的时间。同时，我又不是一个擅长码字的人，写几段话还成，写字最多的那段日子，恐怕要追溯到初中时的课堂上——把数学作业本上写满了情诗和情歌，算算大概够出一本诗集和几张唱片。需要注意的是，我当时并没有对象，写的内容也没有章法，为了押韵我什么事都做得出来。当然故事的结局都不美好，甚至凄惨，大概与我与生俱来的“悲情”有关。那时我正值青春发育与对世界懵懂的交汇时段，也许写出来就能为荷尔蒙找到一些归宿吧。后来得知祖辈父辈年轻时也喜欢吟诗赋词，这一点我应该是有些基因遗传。

接下来的故事，希望你尽可能地多看图，少看字，就当它是一本连环画吧。毕竟我不是知名大学文学系的毕业生，更不是饱读诗书、满腹经纶的学者，我只是一个演员，一个致力于不让观众“太过于失望”的文艺工作者，如果看到这儿，你还能继续下去的话，那么你的选择是对的，我会在里面等你。

写真讲究的是真，做人亦是这样。

张一山

2018.2.27

MOUNTAINS
BEYOND
MOUNTAINS

Im_

张 一 山

A

lett

e r

001

002

003

004

005

007

006

008

009

011

010

#00

北京前天下雪了，新闻说是三百多天以来的第一场雪。当时我在外地拍摄综艺节目，朋友发来视频，视频里的雪花看着挺密，纷纷扬扬的，假装要覆盖紫禁城，落地时已精疲力尽，勉强染白一些胡同的屋顶。这样的场景让我感觉仿佛回到了小时候，只是小时候的雪更大些，落在每处都还有自己的阵容和态度，努力的话，还能坚持半个冬天。

说出来怕显得矫情，我身体里常住着一个念旧的老人：他从夏日炎炎的新街口出发，哼着李宗盛的《伤心地铁》和王杰的《安妮》，他穿着白色背心，骨瘦如柴，步履矫健，从新街口到西单可以不走大马路，只需几个胡同便能抵达，这条路怎么走只有他和少数人知道。那时燕京啤酒还都是两块五的大绿棒子，三五小伙伴几十块钱可以在路边烤串吃到打嗝。那时手机只能发短信和打电话，每月电话的分钟数还得算计着打，电话里说好下午两点在朝阳公园哪个场儿打球，人就一定会在两点都到齐。对他来说，情义和责任是最重要的，只要认定了的，那就是大半辈子的事。

#001

我引以为傲的痣
是妈妈赐予我的 Tattoo。

夕阳落下的时候，我抱着满满一桶玻璃球儿回家吃饭。

妈妈问我怎么弄来这么多。

我说凭实力。

I'm standing in one of my favorite places in the world, surrounded by food, music, art, culture, and all I can think about is how much I want to show it to you. Maybe one day you'll let me.

我不爱旅行，
也不爱拍照，
从前我以为不会踏遍世界各地，
更不会为此留下印迹。

更不会为此留下印迹……

ROME

我引以为傲的痣是妈妈赐予我的 Tattoo。

我喜欢坐在大巴的
最后一排角落.

小时候，我经常会和小伙伴儿们一起在胡同里玩耍，游戏种类虽然和现在手机里的比起来屈指可数，但欢乐程度是今时今日所有游戏难以匹敌的。现在我仍然觉得这些游戏项目是一代又一代人的回忆，它们的群众基础扎实，有着申请“非遗”的良好基因，文献中虽未曾有翔实记载，但像武林绝学一样传承了几代人，这些游戏是：警察抓小偷、弹玻璃球儿、拍洋画儿、扔沙包、踢锅儿、我们都是木头人、过家家等，甚至跳皮筋我也会参与。小学后半程赛段，女同学的发育都挂了S挡，几乎隔天就能长高半米，而男同学连手刹都没放下，但即使是当时的高度，我也可以“飞檐走壁去去就来”，让站在一旁腰身较好、身高安了马达的女同学们很是瞠目。

“弹玻璃球儿”是我曾一度称霸新街口十岁组以下朋友圈的杀手锏。这是一个北方小孩几乎都会玩的传统项目，只是规则在各地稍有不同，但夺冠方式只有一个：依靠食指与大拇指的默契配合，精准地将自己的球碰到对方的球。获胜结果是对方的球给你。那时爸妈给的零用钱不多，我并没有多的资金去买玻璃球儿。确立“球圣”江湖地位的历程我现在还清楚记得：那会儿卖一种巨大桶的波力海苔，我在一个食欲良好的热天午后，买了一大桶并一口气吃光，然后抱着空桶出门，问小伙伴儿借了一颗玻璃球儿。

夕阳落下的时候，我抱着满满一桶玻璃球儿回家吃饭。

妈妈问我怎么弄来这么多。

我说凭实力。

从前你看到的我，是有多模糊。

他是业余的：这個是专业的

我可能确实有点复古，有点像一个活在当代的隔代人。我的手机里只有两个社交软件，没有游戏，没有任何支付软件，从不网上购物，出门带现金，大概也就是吃饭打车花钱。我不追什么时下流行的事物，对于大家所追捧的限量版和潮流，我总是慢半拍。初中的时候，我还穿着打补丁的袜子上学，这是妈妈对我的一种特别好的教育，而爸爸给予我的更多的是“修内”，修内方能获得人生精髓。现在看来，“父母是孩子最好的老师”的重要性就在于此。是父母指导我建立了自己的人生观和价值观。他们没有刻意，只是在成长的岁月中潜移默化地影响着我。我能走到今天这步，有自己独立的思考和思维方式，与父母给我的教育是分不开的。

仙人掌其实没有刺。

#002

总想快点长大，
看看他们的世界是什么样子。

Adversity is like a strong wind, It tears away from us all but the things that cannot be torn, so that after reward we see ourselves as we really are, and not merely as we might like to be.

脱下浴袍，赤裸上阵。

我已经很久没有练功了，但我仍然认为镜中的自己依旧结实。

小时候，我更喜欢跟堂哥、堂姐以及他们的哥们儿、姐妹儿一起玩儿，屁颠屁颠地跟在他们后面。我喜欢跟比自己岁数大的人在一起，因为他们总是能给我带来新鲜的见识。大概这是源于我对成年世界的好奇心吧，总想快点长大，看看成人的世界是什么样子。还好他们并没有觉得我是个累赘，去哪儿都像游戏打怪带个宠物似的带着我。他们去哪儿，我就跟旁边看着，这对于我来讲也是一种满足。

大概就是这个原因吧，我现在不拍戏的时候也特别愿意在家待着，跟父母一起吃饭，跟父母一起去会朋友，只要是父亲和他朋友的饭局，我基本都不会落下。因为我认为自己拍戏之余的时间并不多，希望能够多跟家人在一起，而且能多听听他们那个年代的事情，他们年轻时候的故事。父母和他们的朋友都是很有经历的人，在各自的领域都非常出色，所以我能够听到很多自己原先不知道的事情，这样我就会特别开心。

听大人们聊天儿，聊自己没经历过的事情，我觉得这对于我而言其实也是一种财富，换句话说，在塑造角色的时候，也许能派上用场。但是，我更多的是享受那个聆听的过程，这对于我来讲是一种学习。

RIONE X
CAMPITELLI

记得是在 2001 年夏天，那时我 9 岁。中央电视台里播着一条新闻，国际奥委会主席萨马兰奇先生在莫斯科宣布：北京成为 2008 年奥运会主办城市。话音一落，我和同在四合院一起观看新闻的哥哥姐姐顿时热血沸腾。这条新闻像炮捻子似的，瞬间点燃了所有人，仿佛是火山喷发、核弹爆炸、三峡泄洪、陈真腿劈“东亚病夫”的招牌、小悟空突变超级赛亚人、赛车从 P 挡直接挂到 S 挡。我们迅速发现四合院的空间已无法承载我们高涨的情绪，哥哥姐姐随即带着我冲出院门。一出门，发现左邻右舍的人都好似燃烧着小宇宙般游走在街头，身披国旗，头绑红带，奔走相告，喜极而泣，所有人瞬间成为一家人。

路上我们路过西四的“延吉冷面”，这是老北京人平日爱吃的一家馆子，冷面和腊肉尤其著名。那天老板不收钱，你想吃多少就吃多少，童叟无欺。

不知不觉，我随哥哥姐姐们从新街口走到了天安门广场，这时已是晚上十一点，广场人巨多，举国欢庆的热烈气氛感染着在场的所有人，这是属于中国人的光辉时刻。夜里三四点的时候，大家还在那里，聊着，亢奋着，我好几个小时没喝水，直到遇到一位警察叔叔，他开车带我到一个比较远的店里买水，然后再开车给我送回原地，当时感觉那位警察叔叔好亲切。直到此时人群都未见消散，仍然喧嚣着，欢腾着。感觉没多久，天开始亮了，国旗护卫队战士英姿飒爽的身影出现在天安门广场上，开始升旗，每个人口中都唱着国歌。

升旗结束，哥哥姐姐带我往家走，本来说一起徒步回去，结果我走着走着就睡着了，还好一旁的姐姐身手不凡，一把把我扶住了，直接把我抱上出租车送到家。妈妈说你赶紧睡吧，我一脱鞋，袜子的脚后跟竟然被磨出了两个大窟窿。你就说这一晚上走了多少路啊！这一宿啊，都在走，这袜子都磨没了。

s

es
e out o n
the
ses

e
s

he
the

e out o n

e
s
o n
he
es

es
e out o n
the
ses

of the first gleam of light, and pursued my voyage through the wildernesses

e
s

the

e out o n

e way of it long. I came out o n
e
s
2018/04
he

via
lemonia

春光大好
只待作泄

我是一个非常倔强和隐忍的人，从小就不会无缘无故哇哇大哭。小时候不听话，惹妈妈生气，她怎么教训我，我都不会哭，也不会和她说对不起，只会暗下决心下次不犯。有时即使知道自己做错，但“对不起”三个字就是说不出口，自己的错误只有自己明白。

It is only with the heart that one can see rightly, what is essential is invisible to the eye.

#003

又到了恋爱的季节，春光大好，只待乍泄。

我是一个非常倔强和隐忍的人，从小就不会无缘无故哇哇大哭。小时候不听话，惹妈妈生气，她怎么教训我，我都不会哭，也不会和她说对不起，只会暗下决心下次不犯。有时即使知道自己做错，但“对不起”三个字就是说不出口，自己的错误只有自己明白。

我会独自躲在一个角落里默默流泪。

大概是七八岁，有一天，我在家门口的一个烤羊肉串儿摊前捡到了五十块钱，我和一个小伙伴儿商量说一定要干一件拾金不昧的事儿，就像课本里说的那样。然后我俩就直奔家门口的派出所去了。刚一进派出所门，直入眼帘的是暖气片旁蹲着一人，我们过去特客气特有礼貌地跟那个人说："叔叔您好，我们在路边捡到五十块钱。"刚说到这儿，迎面又走来一个叔叔，这个叔叔身着警服，问我俩来做什么，我们就挺着胸脯字正腔圆地把捡到五十块钱的事儿报告了一遍，并把钱交给了警察叔叔，叔叔对我们进行了表扬并送我们出来。出门的时候我俩才注意到，暖气片旁的叔叔有一只手是被铐在暖气片上的。送我俩出来的警察叔叔说："他是小偷，你们要做好孩子，不要学他哦。"——我们差一点就把钱交给小偷了。

NIKE

FREE ENERGY
IS
EVERYWHERE
★
AROUND US
AFFITTASI
a Roma
parare la sfida
a Nainggolan
DICEMBRE 2017

CORRIERE DELLO SPORT - STADIO
GLI
ROMA-SPAL 3-1

#004

有时，戴上墨镜，
才能看到真实的世界。

We must all face the choice between what is right and what is easy.

一张车票，一本地图，一个人，一个世界。

hop on - ho
ROMA

有时

戴上墨镜

才能看到

真实的世界

Roma openbus
Hop On - Hop Off
Museum Express
PIAZZA VENEZIA
SERVIZIO SOSPESO
SERVICE SUSPENDED
13:20
14:50
15:20
16:20
TO MAXXI
USCITA
WIFI

Musei Capitolini
IMP CAESARI DIVI ANTONINI F DIVI HADRIANI
NEPOTI DIVI TRAIANI PARTHICI PRONEPOTI DIVI
NERVAE ABNEPOTI M AVRELIO ANTONINO PIO
AVG GERM SARM PONT MAX TRIB POT XXVII
IMP VI COS III P P S P Q R

一個

ROMA
SOTTERRANEA

我容易触景生情，遇到一些人、事儿、场景，一些记忆犹新的东西时，心里会咯噔一下，它们变换了形式和角色，剧情未改，就像你突然发现眼前所发生的一切，好像在梦里见到过一样，新鲜又似曾相识。

罗马的自由让我想起小时候。

IS
EVERYWHERE
AROUND US
Ecologico

BICIBACI

ESCHER
PALAZZO ALBER
BOLOGNA
LUN 20/04/
INGRESSO
RIDOTTO UN
TOTALE EURO: 8,00
corr.: 8,0

#005

生日只有一天，
就是母亲最痛的那天。

Deep in the human unconscious is a pervasive need for a logical universe that makes sense, But the real universe is always one step beyond logic.

“年轻演员应该具备或寻求历史、文学、英语语法以及其他艺术形式（音乐、绘画、舞蹈等等）的文化熏陶，最好还能加上戏剧史和戏剧潮流的知识。”

——乌塔·哈根

我喜欢观察下班路上的人，这几乎是他们一天中最真实的时段，这种真实可以让我学到很多，对塑造角色有很大的帮助。这些人有的垂头丧气一路皱着眉，那一定是今天在公司不顺利，可能因为迟到早退被老板扣了这月的奖金，可能被贪心的客户打回了合同，可能因为一些疏漏被竞标的对手在会议上挤对了；有的兴高采烈地打着电话，应该是给爱人打的，一句一个宝宝，开心地描述着今天谈成这一单生意的不易，领导已许诺他下月就涨薪；有的沉默不语行色匆忙，他虽然一直很努力，但并没有太多起色，他还不清楚其实运气更重要，这是迷茫的一天，这样的迷茫从他来北京的那天起就没有消失过；有的精神亢奋一路微笑点头，和电话那边说等他到了再开喝，那大概是赶往一个“铁瓷局”，那里有他最想见的人。在这段下班路上，每个人都把紧绷了一天的精神放松下来，变回真实的自己，而不再是白天的“演员”。

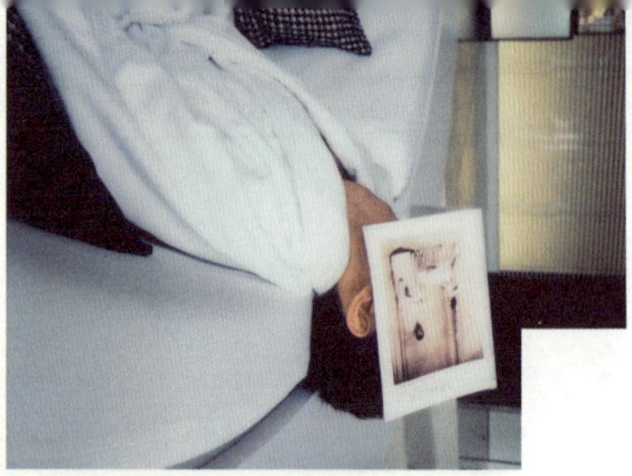

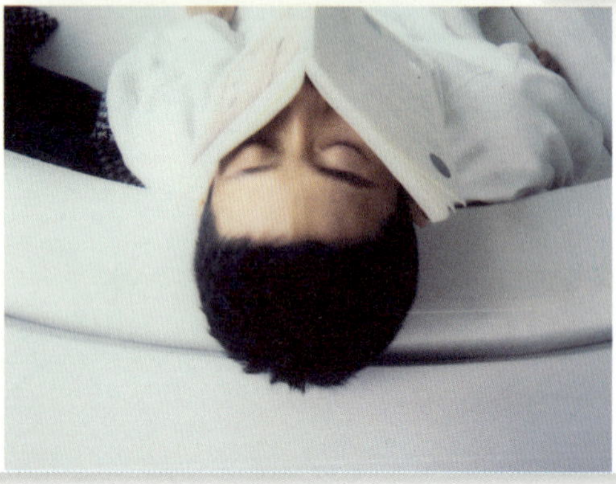
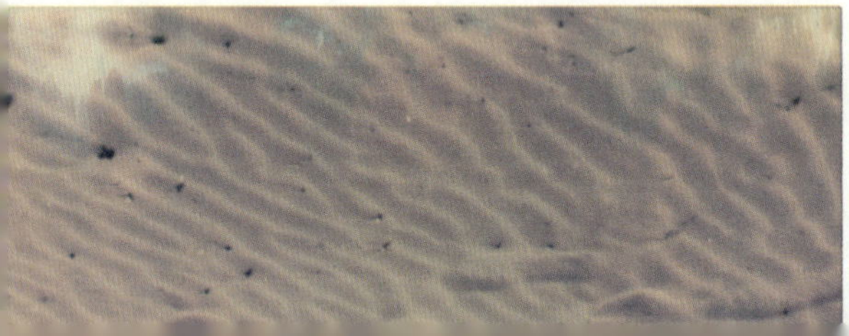

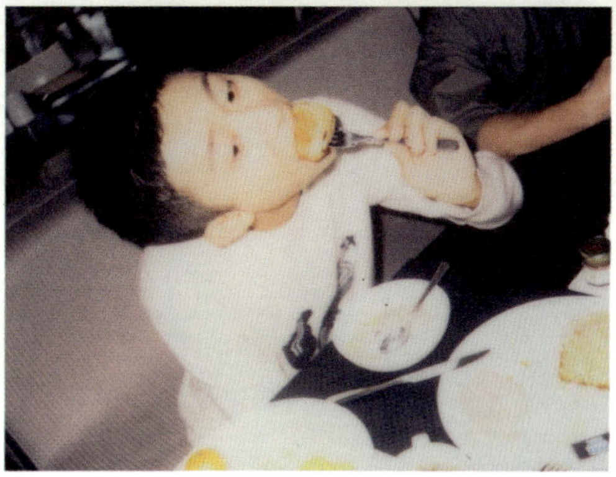

—————— :

Yummy :) !!

Breakfast ~~ 😍😍😍

DEc. 04 2017

GELAT
PASTIC
Testaccio

#006

把意大利的
尤加利叶带回东半球，
带给你。

玩到九点，直到感受到家里的杀气再回家。

And know that you don't have to be perfect, you can be good.

Madrid, here I come
D78
D48

9 9
10

Do bigger things
Lounge 2

TAROM
D78
D48

小学时我经常会为了吃零食去攒钱，那时我的零花钱极为有限，我每天都在纠结买哪种零食。在那个年代，学校门口和胡同里边经常会有人推着车售卖各种零食，他们有充足的零食货源。放学后，我攥着一两块钱，在均价五毛一袋的无花果、萝卜丝、钻石糖、口红糖中犹豫不决，反复挑选。对于当日没有被选到的零食，我总是心怀歉意，心想下次就轮到你了。一顿饕餮后再摸出一个泡泡胶，从中挤出一团胶状流体，抹在一个小吸管上，和小伙伴们比谁吹出的泡泡更大。学校到家走路只需五分钟，但我们可以将它无限延长：分零食、吹泡泡、吃冰棍将这一路填充得无比快乐。那是纯粹的快乐，是以后不会再有的快乐。大家一路嬉笑玩闹，快到院子门口时已商量好一会儿写完作业在哪里集合，玩警察抓小偷还是一二三木头人。商定完毕，大家迅速散开，各回各家用四十分钟写完作业，然后再准时抵达约定的地点开玩儿，直到饭点儿，再赶回家里迅速吃饭，最后一口饭还没咽下又赶到院子里和大家会合，玩到九点，直到感受到家里的杀气再回家。

其实这些对于我来讲才是生活。

把意大利的尤加利叶带回东半球，带给你。

DEIPARAE A CONSOLATIONE
EX LEGATO
HERCVLIS CONSALVI CARD
ABSOLVTA AN MDCCCXXVII

路会曲折，人要笔直。

Il silenzio e il sentimento. L'emozione e la paura. Gli sparuti incostanti sprazzi di bellezza, e poi lo squallore disgraziato e l'uomo miserabile. Tutto sepolto dalla coperta dell'imbarazzo dello stare al mondo, bla, bla, bla, bla . Altrove, c'è l'altrove.

#007

路会曲折，人要笔直。

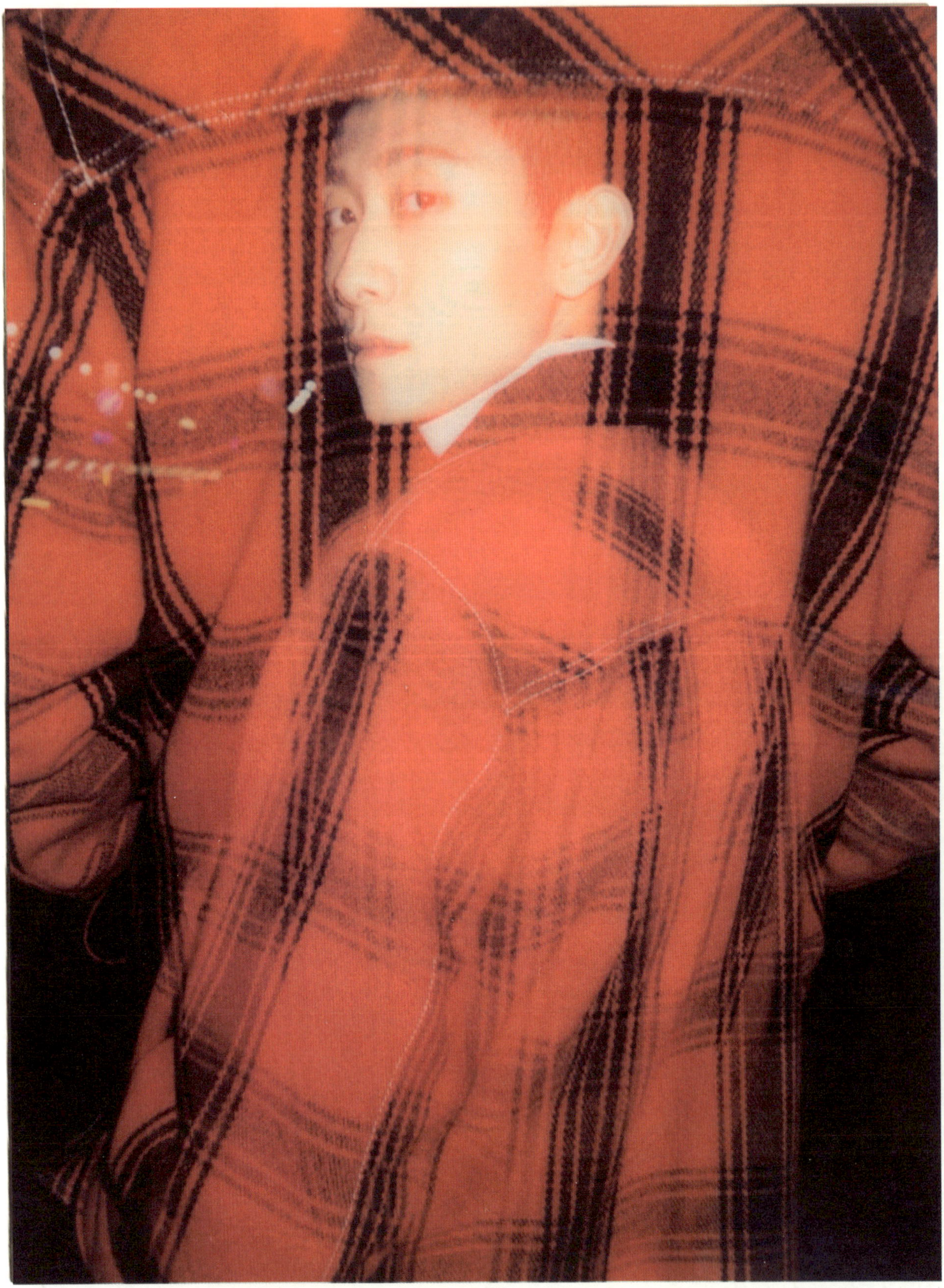

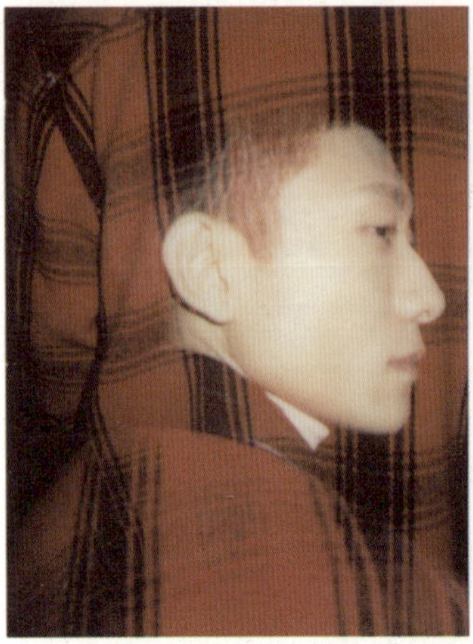

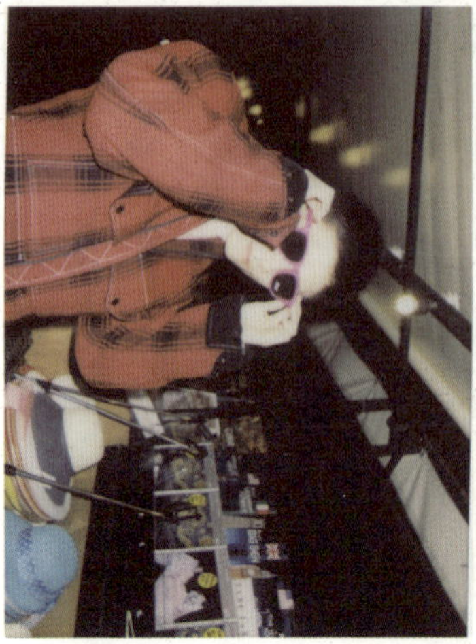

ROMA

罗马台伯河畔的书摊遇到第一个意大利裔小粉丝，大概我是她见到的第一个东方面孔，我们凝视了对方五分钟，不知她回家会不会和爷爷说我和她表演了比心秘技。

Chi ha l'occhio, trova quel che cerca anche a occhi chiusi.
—Italo Calvino.

眼角的褶皱中是我们大半辈子的默契和彼此的依靠。

我们在大巴车上唱《山丘》，唱《寂寞的恋人啊》，唱“多么痛的领悟，你曾是我的全部”，你沙哑地打断我说，不对，我们那天在大巴上唱的是《再见》，唱的是“这些日子在我心中，永远都不会抹去”。

#008

area pedonale

7up

NONO PONT·OPT·MAX

Lo scudetto vinto con la Roma nel 1983 è l'unico trionfo della carriera di Iorio

Maker Faire
SCOPRI, INVENTA, CREA!

M
FRETTE

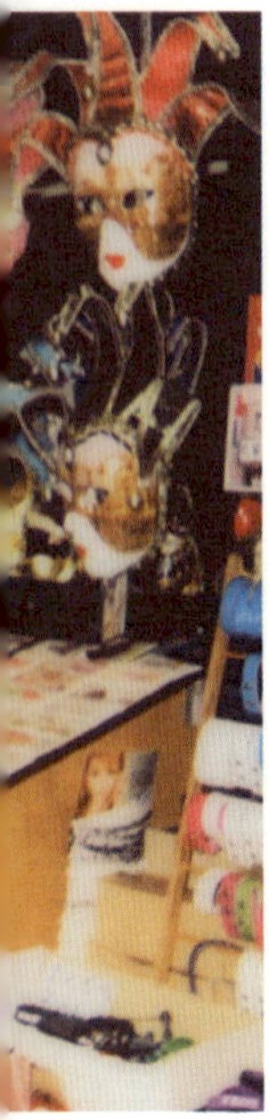

若干个十年后，我们鬓角斑白，颧骨高挂，也许已经没法儿在酒店摔跤了，也许很大声说话对方才能听到，也许几个人酒喝半斤就得换茶，但我们依然风骨未变，遇到不平的事依然会挺身而出，眼角的褶皱中是我们大半辈子的默契和彼此的依靠。也许那天，我们还会站在梵蒂冈广场的斑马线上，我说，诶，你记得那年秋天在意大利拍写真吗，咱们在泳池里打水球打到别人不敢下池，喝酒喝到那谁谁裸奔，喝到那谁谁他屁兜儿里找到丢失的手机。我们在大巴车上唱《山丘》，唱《寂寞的恋人啊》，唱“多么痛的领悟，你曾是我的全部”，你沙哑地打断我说，不对，我们那天在大巴上唱的是《再见》，唱的是“这些日子在我心中，永远都不会抹去”。

#009

Dolce far niente

我只相信我看到的
和我听到的。

我只相信我看到的和我听到的。

4PE511

PARCHEGGIO

SHOT ON OPPO R11S

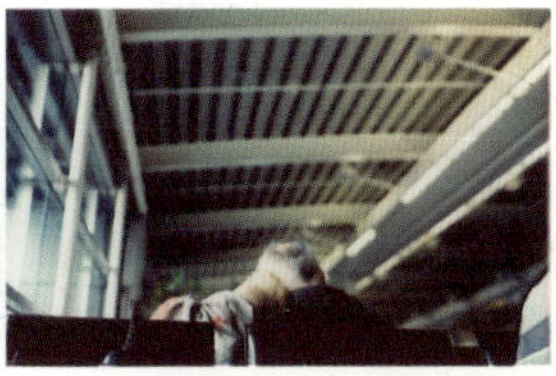

2U2903

2U2903

34ZE
06

#010

清楚了爱与孤独，人生就明白了大半。

Sometimes to loss balance for love is part of living balance life.

AR 10
0664

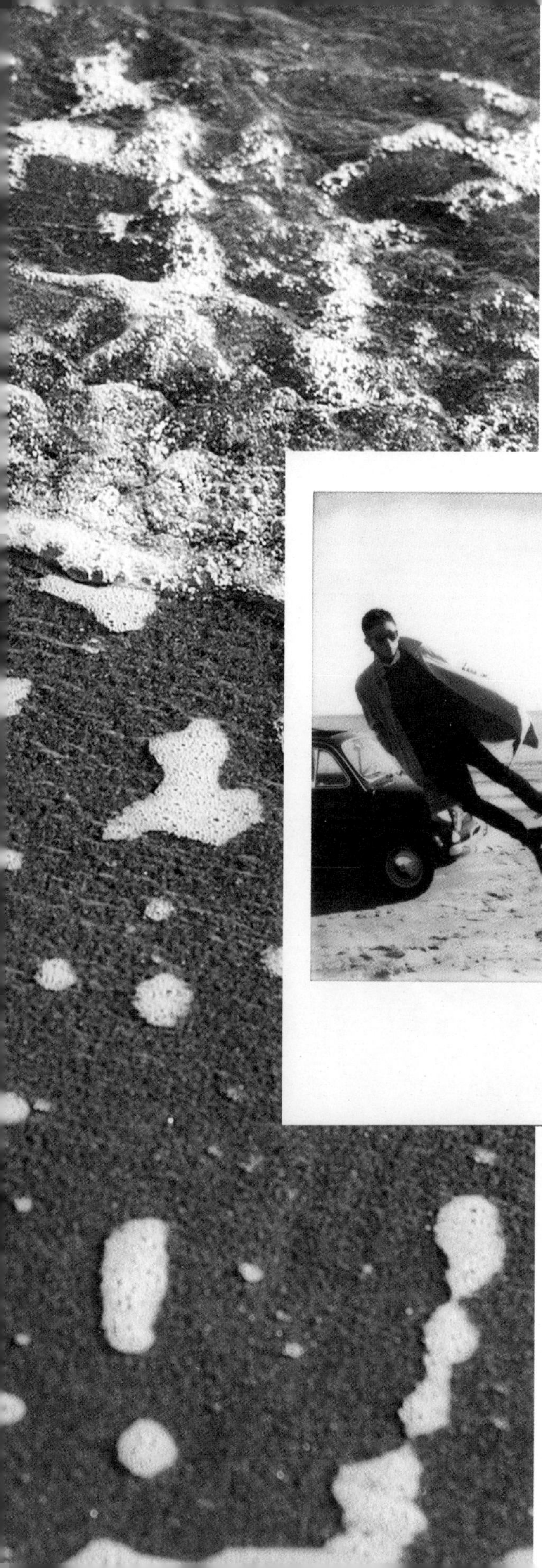

这是我最理想的状态，一个人，一台车，一片海，阳光野蛮生长，偶尔有海鸟飞过，和我比谁更自由。

时光如沙，捧起多少，都会悉数落下，若干年后再看你觉得过不去的那个坎、那一天，它只是一粒沙。

#011

风很大，阳光很刺眼，
但此时的我，
已经学会了如何逆光前行。

The time that my journey takes is long and the way of it long.I came out on the chariot of the first gleam of light, and pursued my voyage through the wildernesses of worlds leaving my track on many a star and planet.

AR·10
0664

lekker
500
vrouw

WARHOL
Amsterdam
Airport.

LIBEA LA TUA

DRIVE TO THE ♥ BEACH

DEC. 2011

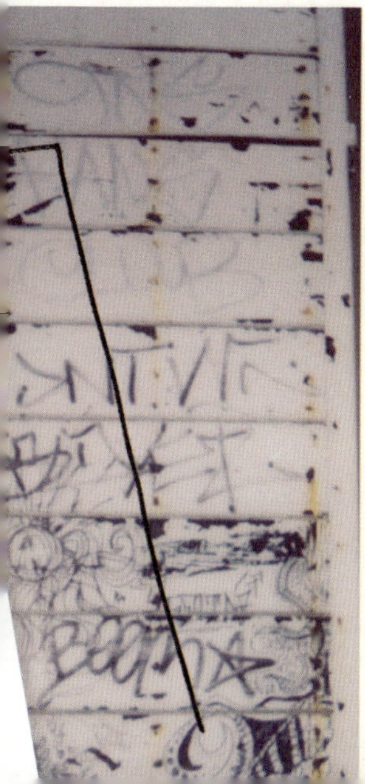

这次意大利之旅前，我已经很久没有休息了，近年都是马不停蹄地工作，能睡一个饱觉都极为奢侈，旅行更是久远的事儿，我是个恋家的人，不拍戏的时候就想回北京，待在家里陪家人。张山说，这次咱就是出来玩的，一边休养生息一边重温自由。自由啊自由，若为自由故，干啥我都行。张山还说，咱玩到哪儿拍到哪儿，什么舒服穿什么，拍成啥样儿都行，咱就拍最真实的状态。听完以上几项，我持怀疑态度说，抓紧。

就这样，我们一行十九人落地意大利，乘着一台巴士，从罗马的天使堡到托斯卡纳的半山球场，大家一路欢声笑语。LiangZi 老师的一台便携式音箱使巴士车成了移动 KTV，大家纷纷摩拳擦掌，拿出自己的代表曲目，从 hiphop 到中国风，从北京龙井到李宗盛，我坐在最后一排，唱着“越过山丘才知道你在等候”，俨然相信了这次真的就是出来玩儿的，然后，便有了这本写真和我的这些感受。

还记得在托斯卡纳，我们晚饭前会集结在酒店的超大泳池里进行水球比赛，每队九人，男女搭配，分前、中、后场，率先将球掷入球门的队伍即可得分。刚开场时，大家还稍有谦让，比分刚要拉开，每个人就像变了身似的：有咬人的，有抱着不放的，有袭击对手布衣遮裆处的，有把对方头按在水里的，有三个人骑在对方一人身上令其无法浮出水面的。大家都陆续拿出看家的本领，一时间水花四射，惊叫连连。有时安保会入场叫停比赛，我们便在水中安静地进行慢走接力比赛（中华民族民间游戏博大精深，随时随地便能诞生新的游戏项目）。现在想想很可惜，那颗橘色的水球我没有带回北京。酒店居然还设有乒乓球场地，可见中意友谊地久天长。那些天我们打了好多场乒乓球，规则是十一颗球，谁输谁下。拥有武术功底的我赤着上身反复侧身抢拉，还是丢了几次赛点，我们像孩子一样较劲每一颗球。原来大家都没有长大。我可能是太久没这样自由放肆地玩了，好像瞬间回到了儿时放学后的快乐时光。

写到这里，那些天的开心事又一件件浮现在眼前。杀青那晚大家都喝多了，也许是因为相见甚欢，也许是因为第二天就要分开，也许是在国内紧绷的情绪在这里得到了释放。这大概也是我近些年来最自由、最放松的日子。我们一起完成了一场旅行和一部作品，一起共度了最美的时光。

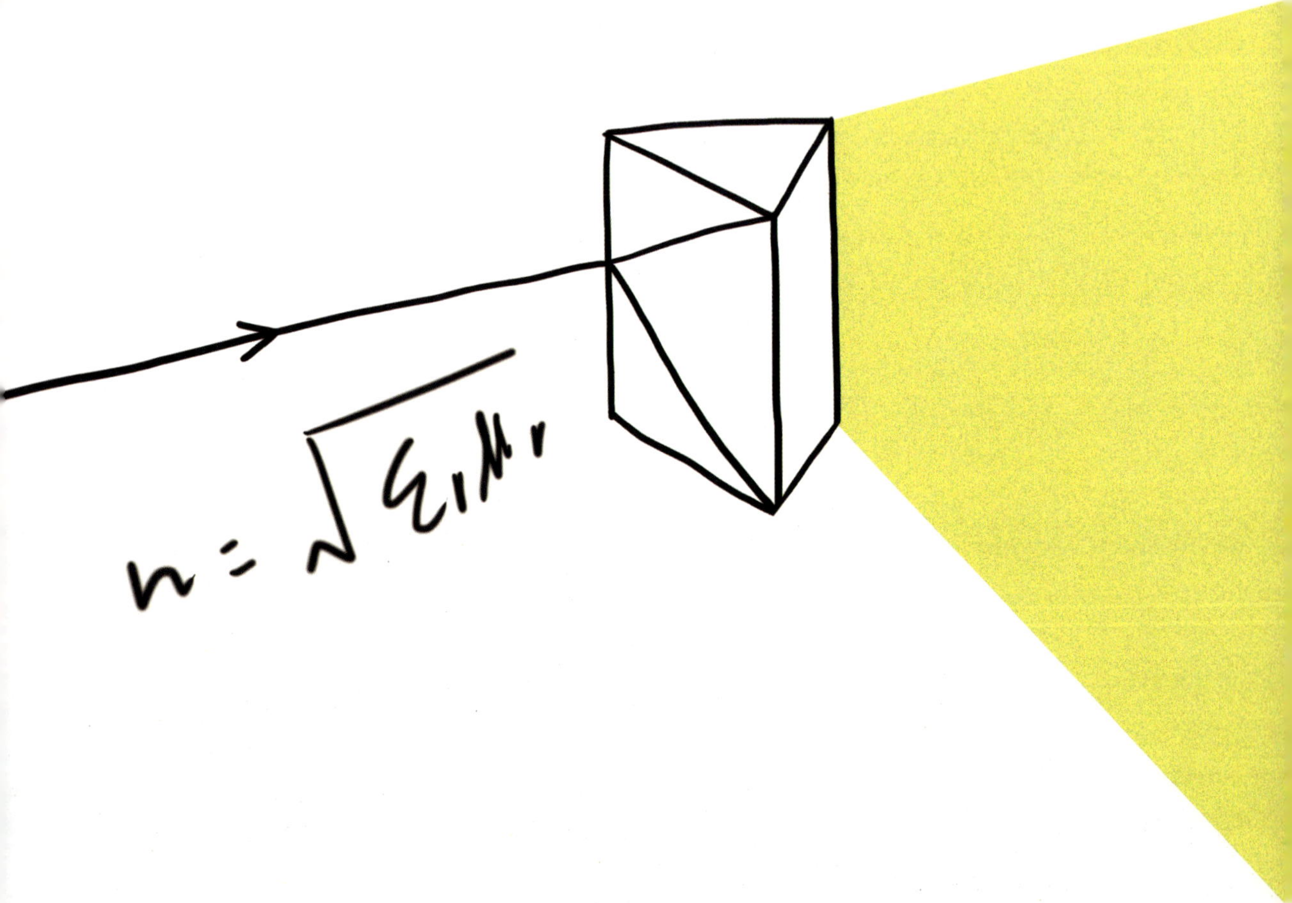

风很大，阳光很刺眼，但此时的我，已经学会了如何逆光前行。

寄 jì
语 yǔ

一山父亲 说

国有栋梁大爱无疆，
尔汝嫩草小爱芬芳。

二零一八年农历二月二日

mono日签

寄语无从谈起。此写真，既过往，乃岁月之恩赐，收藏封箱即可。吾儿廿有六，应弃浮华。每载休息数日，可调换假，亦可多外出，祖国名胜，乡野小镇，体验民俗，助你创作。

愿儿如草，虽渺小，却有颜色及个性。坚强成长，低调生活，不与树木争高低，莫与花朵比美丽。做事尽心力，为人坦荡荡。待人谦恭，常怀感恩，甘居后人。

国有栋梁厦无疆，家添嫩草亦芬芳。

“阳光天地山连山，瑞雪融冬似甘泉”

欣赏、你们的团队。

愿你们的拍镜满眼

父字。

写于农历2月2，

#000

The Staff List

策划：当下制造

出品人：安帅　王小东　金雨菲

制作人：许嘉格　彭福香

顾问：麦田

主拍摄影师：Liang Zi

摄影师助理：黄伶君

拍立得摄影师：TenGuSan

人文摄影师：左全

摄像导演：陈佳伦

摄像总监：姚翰

造型师：金雨菲　代贝贝

造型助理：郑祺祯

化妆师：张启航

项目统筹 / 意文翻译：张晨

地接：樊诗扬

公关：Ramona Ficuciello（意）

宣传总监：朴月蓉

装帧设计：张涵

Thanks

张一山工作室（@壹山逸事）

电波 App

哈你 App

MONO

ICY

OPPO

七喜

牙仙

指南猫

富士一次成像 instax

意大利蓝天旅游集团

影侨文化

点赞传播

Showroom-ING

YCC Films

Bally

Burberry

Clarks

Diesel

Gentle Monster

Paul Smith

Scotch&Soda

Ted Baker

Z.Zegna

Wan Hung

MASTERCHEMIST

MENGFLORA

Special Thanks

Argentario Golf Resort & SPA
阿金塔里奥高尔夫水疗度假酒店
http://www.argentariogolfresortspa.it/zh-hans/

特别鸣谢

张山　杨光　鲁天地　王伯泉　邢士瑞

一生情 一杯酒

山外有山
MOUNTAINS
BEYOND
MOUNTAINS
张一山
活在当下，
死在海边。
当下制造
NOW CULTURE

图书在版编目（CIP）数据

山外有山：珍藏版 / 张一山著. 一南京：江苏凤凰文艺出版社，2018.5
ISBN 978-7-5594-1790-9

Ⅰ. ①山… Ⅱ. ①张… Ⅲ. ①张一山－生平事迹－画册 Ⅳ. ①K825.78-64

中国版本图书馆CIP数据核字（2018）第052738号

书　　名	山外有山：珍藏版
著　　者	张一山
责任编辑	孙金荣
特约编辑	于晨苗
责任校对	郭慧红
封面设计	张　涵
出版发行	江苏凤凰文艺出版社
出版社地址	南京市中央路165号，邮编：210009
出版社网址	http://www.jswenyi.com
印　　刷	北京市雅迪彩色印刷有限公司
开　　本	787毫米×1092毫米 1/16
印　　张	17
字　　数	63千字
版　　次	2018年5月第1版 2018年5月第1次印刷
标准书号	ISBN 978-7-5594-1790-9
定　　价	98.00元

OUNTAINS

EYOND

OUNTAINS

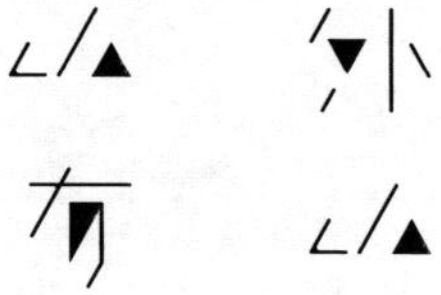

风很大，阳光很刺眼，但此时的我，已经学会了如何逆光前行。

	A	B	C	D	E	F	G	H	I	J	K	L	M	N	O
1															
2															
3															
4															
5															
6															
7															
8															
9															
10															

1															
2															
3															
4															
5															
6															
7															
8															
9															
10															

当下制造
NOW CULTURE